LA RÉPUBLIQUE DU
CATCH

D1663637

NICOLAS DE CRÉCY
LA RÉPUBLIQUE DU CATCH

casterman

Le présent ouvrage a fait l'objet d'une parution simultanée au Japon, aux éditions Shueisha,
après une prépublication dans la revue *Ultra Jump* entre août 2014 et mars 2015.

WWW.CASTERMAN.COM

ISBN : 978-2-203-09558-8
N° d'édition : L.10EBBN002323.C002

© Casterman 2015
Conception graphique : Studio Casterman BD

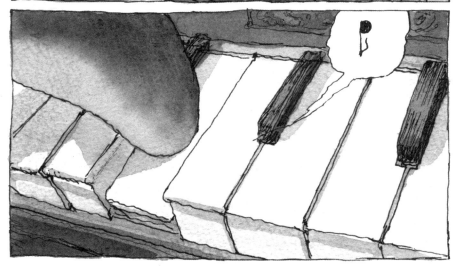

C'EST MON AMI...

EN VÉRITÉ JE N'EN AI QU'UN SEUL... UN MANCHOT.

IL N'EST PAS VRAIMENT CHALEU-REUX, MAIS J'AI CONFIANCE EN LUI.

IL N'EST PAS TRÈS BAVARD NON PLUS, ET C'EST TRÈS BIEN COMME ÇA. IL S'EXPRIME PAR LA MUSIQUE.

DEBUSSY, SCHUBERT, DES GENS COMME ÇA... MOI, JE N'Y CONNAIS RIEN.

ET, CHOSE ÉTRANGE, LA MUSIQUE LE FAIT AVANCER... JE NE SAIS PAS COMMENT LE DIRE AUTREMENT.

C'EST UN PHÉNOMÈNE PARTICULIER, JE N'EN AI JAMAIS PARLÉ À PERSONNE. QUAND IL JOUE, UNE FORCE, LA FORCE DE LA MUSIQUE PEUT-ÊTRE, SOUFFLE SUR LE PIANO.

OU SOUFFLE, À VRAI DIRE, DE L'INTÉRIEUR DU PIANO... C'EST INTRIGANT, ET INUTILE. J'AIME L'ÉCOUTER ET LE VOIR CHEMINER DANS LA BOUTIQUE.

JE NE SAIS PAS JOUER, JE N'AI JAMAIS EU DE FIBRE ARTISTIQUE ET JE N'EN ÉPROUVE PAS D'AMERTUME. LES PIANOS, JE LES VENDS, C'EST TOUT.

BIEN SÛR, JE SUIS HEUREUX AVEC MON AMI LE MANCHOT, AVEC SON TALENT ET SES SECRETS, MAIS JE ME SENS SEUL QUELQUEFOIS. JE PRÉFÉRERAIS UNE FEMME.

UNE FEMME AVEC LA PEAU DOUCE... JE SUIS SEUL.

TOUT EST TROP GRAND ICI. EN TOUT CAS TROP GRAND POUR MOI.

C'EST COMME MA FAMILLE :
ELLE EST TROP GRANDE POUR MOI.

VVVRRRVVR

ET TROP ÉLOIGNÉE AUSSI ; DES NEVEUX,
DES NIÈCES, DES COUSINS...

VRRLLVRRVR

ET QUELS
COUSINS !

VVVRLVRLVRVRLLR VVVRRLLLRR

PAS DES TENDRES, PLUTÔT DU GENRE AGRESSIF.

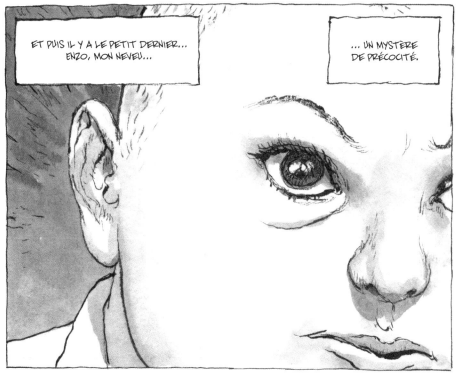

EN TOUT CAS, MOINS JE LES VOIS ET MIEUX JE ME PORTE.

MES PARENTS M'ONT
LAISSÉ LA BOUTIQUE
ET ÇA ME SUFFIT
POUR VIVRE.

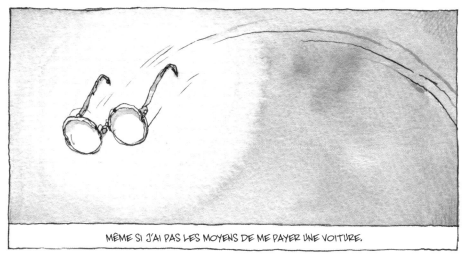

COMME ENRICO.

ENRICO, C'EST MON COUSIN LE PLUS BÊTE.

MAIS QUI DIT VOITURE DIT JOLIES FILLES.

ET DANS CE
DOMAINE, ENRICO,
C'EST UN AS.

DE MON CÔTÉ,
JE GARDE ESPOIR
DE TOUCHER UN JOUR
LA PEAU D'UNE FEMME.

BÉRÉNICE...
JE L'AVAIS REMARQUÉE
DANS LA SALLE
D'ENTRAÎNEMENT.

ELLE ÉTAIT BELLE AVEC LES PETITES ROSES EN PLASTIQUE ATTACHÉES AUX SOULIERS.

À CET INSTANT,
SON EXPRESSION S'ÉTAIT
RADOUCIE ET ME LAISSAIT
ESPÉRER QUELQUE CHOSE.

JE ME SUIS VITE RENDU COMPTE
QU'IL S'AGISSAIT D'UN REGARD DE PITIÉ.

CE STATUT, CROYEZ-MOI, JE M'Y PLAIS.

ALORS, QUE POUVEZ-VOUS ME PROPOSER DE MIEUX ?

DITES-MOI.

QUE RÉPONDRE À ÇA ? POURQUOI UNE TELLE FRANCHISE ?

MON PAUVRE AMI, VOUS ÊTES SI FAIBLE...

EH BIEN...

MES ARGUMENTS ÉTAIENT MINCES...

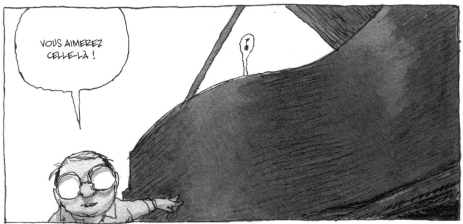

C'ÉTAIT DU RAVEL JE CROIS, UNE ALTERNATIVE À LA FORCE VIRILE.

J'ESPÉRAIS L'ATTENDRIR, LA RETOURNER, MAIS SA RÉACTION FUT INATTENDUE.

SOUDAINE.

ET BRUTALE.

LA MUSIQUE FAIT FONDRE LES CŒURS, C'EST UNE CHOSE ADMISE.

LA PRATIQUE INTENSIVE DU CATCH A DÛ FAIRE DURCIR CE CŒUR-LÀ...

DEPUIS CET ÉPISODE, JE DORS MAL ET MON AMI NE JOUE PRESQUE PLUS.

LE CATCH N'EST PEUT-ÊTRE PAS UN ART RECOMMANDABLE. MOINS QUE LA MUSIQUE, SANS DOUTE. MAIS TELLEMENT PLUS FASCINANT.

N'EST-CE PAS LE SPORT LE PLUS ÉLÉGANT QUI SOIT ?

LA FORCE, LA PRESTANCE, LES COSTUMES ROUGE ET OR...

LES CHAIRS QUI S'ENTREMÊLENT... JE SUIS UN MEMBRE DE LA RÉPUBLIQUE DU CATCH, MAIS SEULEMENT PAR AFFILIATION. GRÂCE À MES COUSINS.

MES CHERS COUSINS... LA RÉPUBLIQUE EST LEUR ROYAUME, LES CATCHEURS SONT LEURS CITOYENS.

MAIS DES CITOYENS RELÉGUÉS AUX BASSES ŒUVRES ; LES PETITES MAINS DE LEURS CRIMES ET DE LEURS TRAFICS.

ET SI LES CATCHEURS ONT FAIT ALLÉGEANCE, ILS N'EN RESTENT PAS MOINS BEAUX COMME LES ASTRES. QUELLE ALLURE ! AVEC EUX, LES RÈGLEMENTS DE COMPTE SONT COMME DES BALLETS CLASSIQUES.

JE LES ADMIRE D'AUTANT PLUS QU'À CÔTÉ DE LEURS SOMBRES BESOGNES, ILS BRILLENT POUR LA PLUPART PAR UNE CARRIÈRE EXEMPLAIRE.

ILS SONT CONNUS, AIMÉS DU PUBLIC, ET CERTAINS FONT MÊME DES PUBLICITÉS (BORIS LE BULGARE EST SANS DOUTE LE PLUS POPULAIRE).

SI LEURS ADMIRATEURS SAVAIENT À QUEL POINT ILS NE SONT RIEN, RIEN D'AUTRE QUE LES OBLIGÉS DE MON NEVEU, ILS SERAIENT INFINIMENT DÉÇUS...

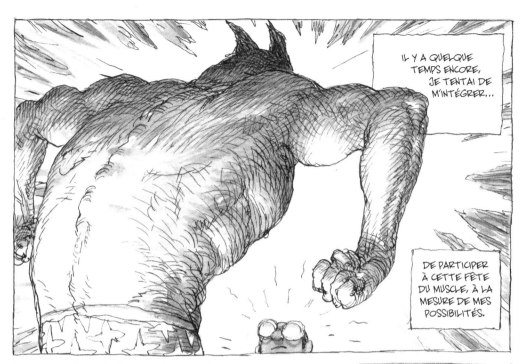

IL Y A QUELQUE TEMPS ENCORE, JE TENTAI DE M'INTÉGRER...

DE PARTICIPER À CETTE FÊTE DU MUSCLE, À LA MESURE DE MES POSSIBILITÉS.

À COURIR MOI AUSSI DERRIÈRE LA GLOIRE. MAIS SUR UN RING, ON NE ME VOIT MÊME PAS. JE N'AI SU GAGNER L'ESTIME DE PERSONNE...

JE DOIS ME FAIRE UNE RAISON : MA VIE EST DANS L'OMBRE.

L'OMBRE DE MA BOUTIQUE, ET L'OMBRE DE MES PIANOS.

L'OMBRE DE LA MUSIQUE.

ET POURTANT,
CURIEUSEMENT, ENZO,
LE CHEF DE FAMILLE, M'A
CONVOQUÉ AUJOURD'HUI.

J'AIME PAS TROP ÇA.
MAIS LA FAMILLE,
C'EST IMPORTANT.

UNE ASSURANCE
CONTRE LA SOLITUDE,
SELON CERTAINS.

ET POUR MOI,
UNE PROTECTION
BIEN RÉELLE.

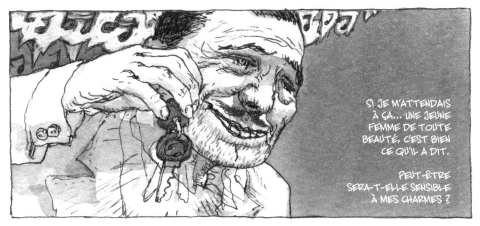

SI JE M'ATTENDAIS À ÇA... UNE JEUNE FEMME DE TOUTE BEAUTÉ, C'EST BIEN CE QU'IL A DIT.

PEUT-ÊTRE SERA-T-ELLE SENSIBLE À MES CHARMES ?

JE N'Y CROIS PAS TROP.

DE TOUTE FAÇON, AVEC UN ENGIN PAREIL, JE TROUVERAI BIEN UNE FILLE POUR M'AIMER...
UNE FILLE QUI AIME LES MANCHOTS ET LA MUSIQUE.

ET PEUT-ÊTRE, EN VOYANT CETTE VOITURE, BÉRÉNICE CHANGERA D'OPINION.

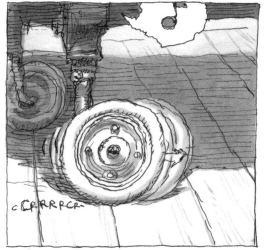

À DROITE EN SORTANT
DE LA VOIE 56...
APRÈS LE PONT...

C'EST À L'AUTRE
BOUT DE LA
VILLE...

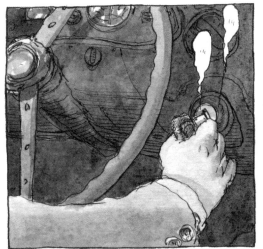

BATTERIE EN BERNE...

C'EST PAS LE STYLE DE LA MAISON. ENZO VA ÊTRE FURIEUX.

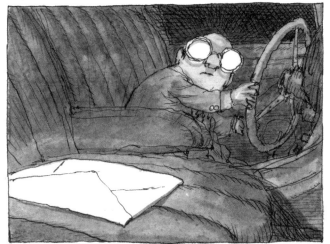

ET PLUS FURIEUX ENCORE SI JE RATE LA LIVRAISON...

OH
MON DIEU !

CE N'EST NI UNE BELLE JEUNE FILLE, NI UNE APPARITION DIVINE !

AU SECOURS !

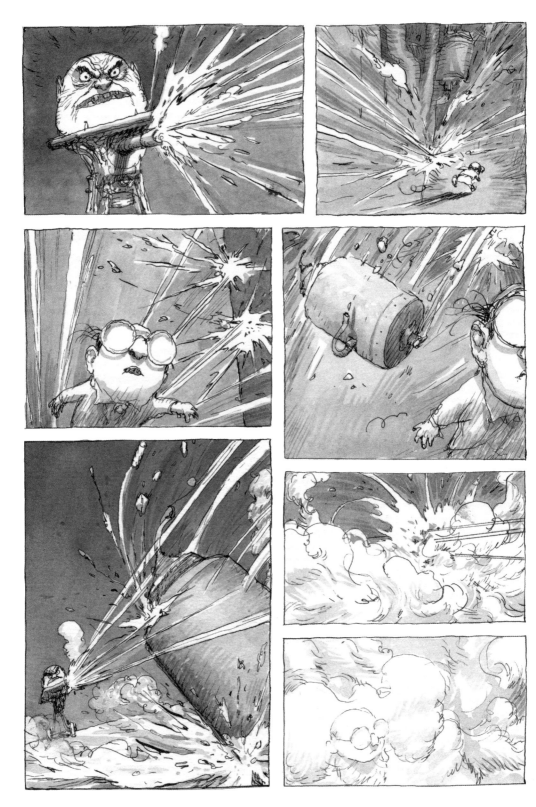

ASSOCIÉ PAR OBLIGATION.
COMME UN MARIAGE
ARRANGÉ.

UN TYPE FONCIÈREMENT
MALHONNÊTE... UN ANCIEN
ASSOCIÉ DE MON NEVEU.

POUR DES HISTOIRES DE FUSIONS
D'ACTIVITÉS CRIMINELLES ET AUTRES
MUTUALISATIONS D'EFFECTIFS.

ILS ÉTAIENT EN ÉTERNELLE CONCURRENCE
ET SE TIRAIENT DANS LES PATTES DÈS
QU'ILS EN AVAIENT L'OCCASION.

GUERRE DE POUVOIR
ET GUERRE DES NERFS...

MAIS LÀ OÙ LA CONCURRENCE ÉTAIT LA PLUS VIVE, C'ÉTAIT POUR LES DONATIONS AU CULTE DE LA VIERGE.

PICOLLO AVAIT DES MIGRAINES TERRIBLES.

PWIOU

PWIOU

TELLEMENT FORTES QU'IL AVAIT FINI PAR PERDRE LA FOI... IL CRAIGNAIT LA RUPTURE D'ANÉVRISME.

SON PÈRE ET SON GRAND-PÈRE SONT MORTS D'UNE RUPTURE D'ANÉVRISME.

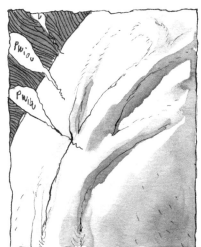

UN SOIR DE DÉSACCORD VIOLENT – C'ÉTAIT LORS DE L'ANNIVERSAIRE DE MA SOEUR, LA PAUVRE – ENZO A RÉGLÉ LE PROBLÈME...

ET IL L'A RÉGLÉ À SA MANIÈRE : EFFICACE ET RAPIDE. MA SOEUR EN ÉTAIT TOUTE RETOURNÉE...

CE N'ÉTAIT NI LE LIEU, NI LE MOMENT. ENZO A TENDANCE À MÉLANGER SA VIE DE FAMILLE ET SES OBLIGATIONS PROFESSIONNELLES.

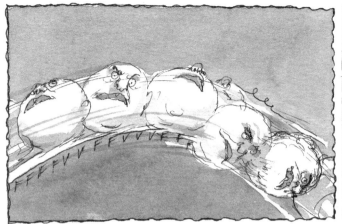

DU COUP, PLUS DE RUPTURE D'ANÉVRISME
À CRAINDRE POUR PICOLLO...

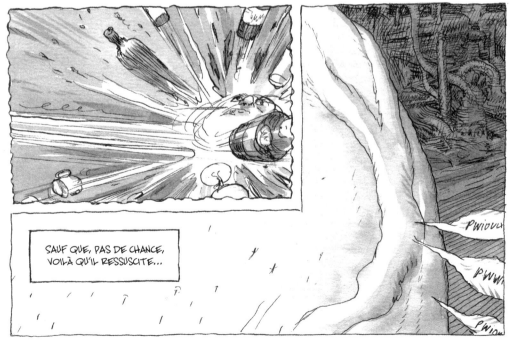

SAUF QUE, PAS DE CHANCE,
VOILÀ QU'IL RESSUSCITE...

SANS MÊME
CROIRE EN DIEU.

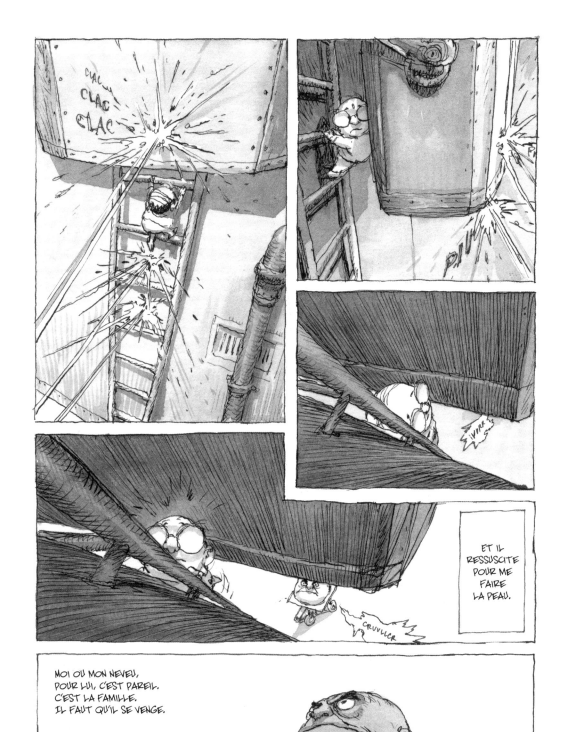

ET IL
RESSUSCITE
POUR ME
FAIRE
LA PEAU.

MOI OU MON NEVEU,
POUR LUI, C'EST PAREIL.
C'EST LA FAMILLE.
IL FAUT QU'IL SE VENGE.

MAIS IL SE TROMPE
DE CIBLE...

CRRRCRRRRRR

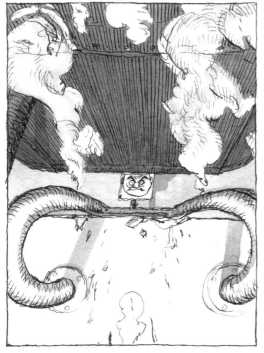

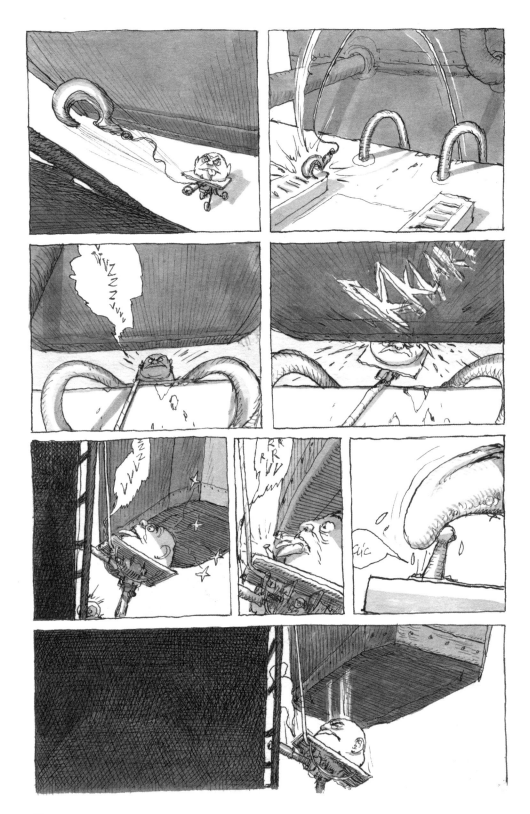

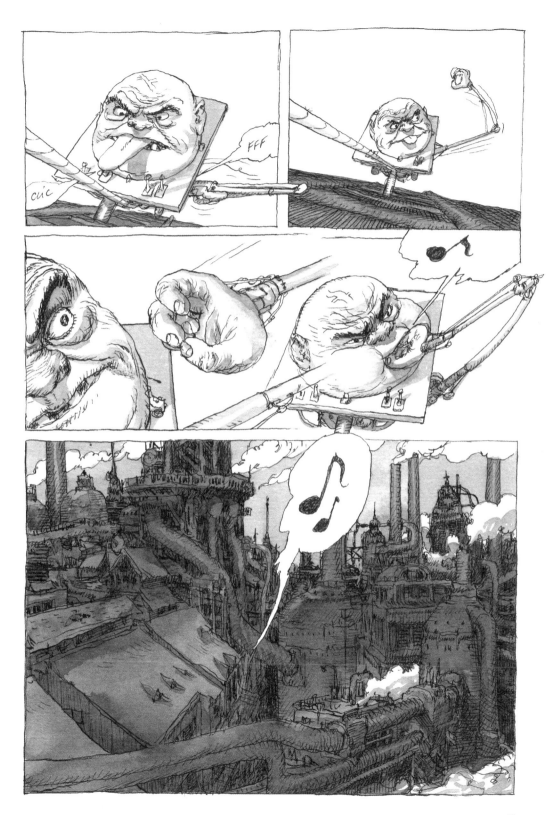

MAUDITE USINE !
IL N'Y A DONC PAS
DE SORTIE ?

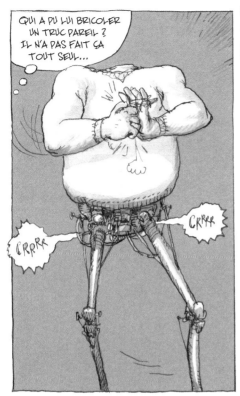

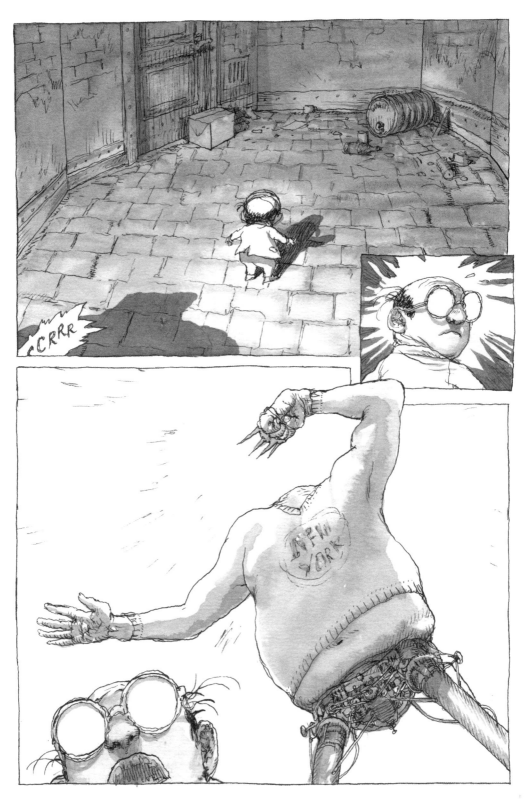

CCRRR

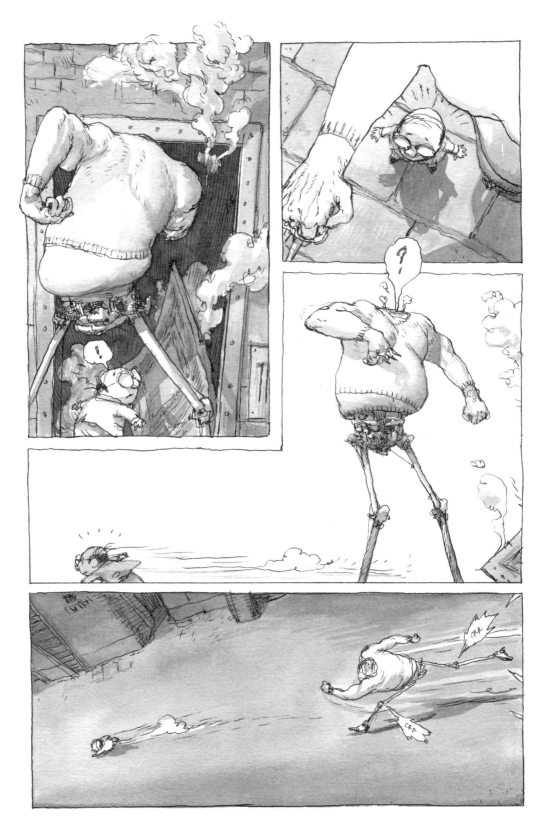

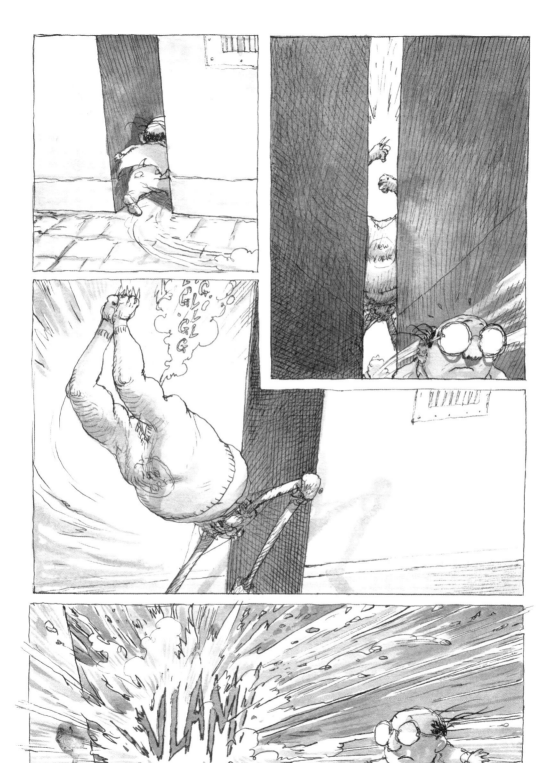

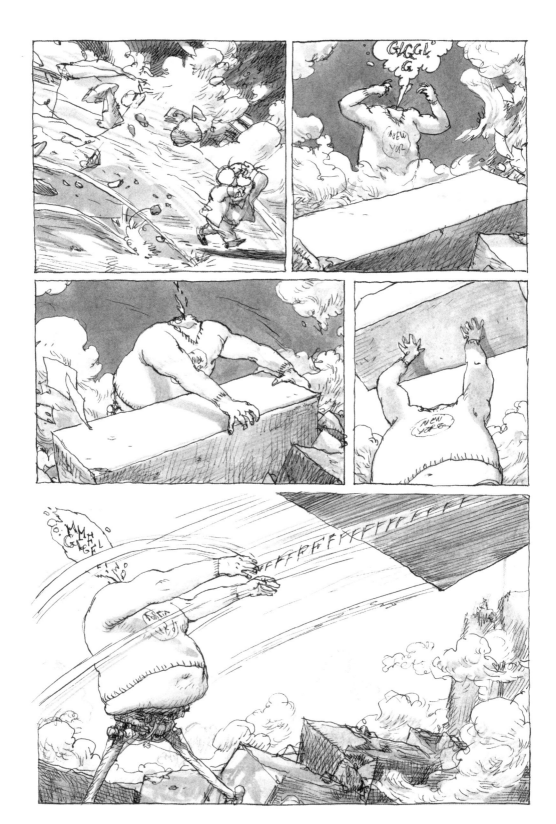

QUEL PAYSAGE GRANDIOSE...

PEUT-ÊTRE LE DERNIER QUE JE VERRAI JAMAIS... ET MA BELLE BÉRÉNICE, EST-CE QUE JE LA REVERRAI ?

JE N'AI JAMAIS EMBRASSÉ UNE FEMME, JE NE VAIS PAS DISPARAÎTRE AVANT D'EN AVOIR FAIT L'EXPÉRIENCE.

CE SERAIT UNE INJUSTICE... SI BÉRÉNICE ÉTAIT LÀ, SA FORCE DE CATCHEUSE POURRAIT M'AIDER. ELLE ME PRENDRAIT DANS SES BRAS, NOUS IRIONS LOIN D'ICI.

JE NE SUIS POUR RIEN DANS VOS HISTOIRES...

FROUCH

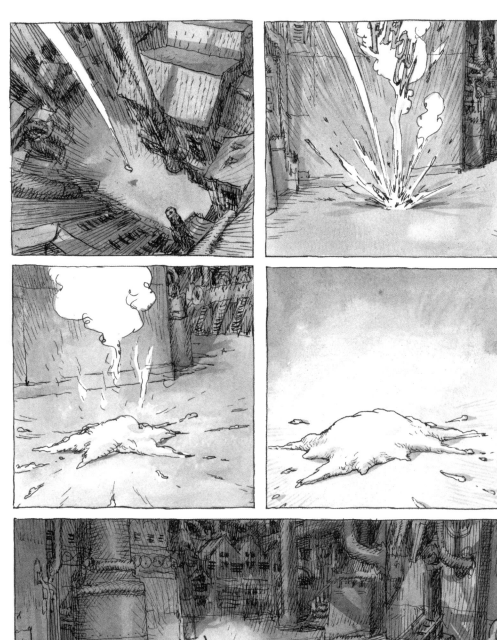

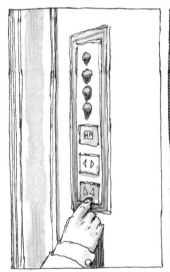

IL FAUT
REGARDER
LES CHOSES
EN FACE.

J'AI RATÉ MA MISSION...
ENZO NE ME FERA
PLUS JAMAIS
CONFIANCE.

DE TOUTE FAÇON, IL N'EN
AURA PLUS L'OCCASION...
MAUDIT PICOLLO,
LUI POUR LE COUP,
IL NE RATE JAMAIS
SES MISSIONS.

JE NE SORTIRAI
PAS VIVANT DE
CETTE USINE.

ADIEU,
BÉRÉNICE...

VOUS EN FAITES DU REMUE-MÉNAGE !

QU'EST-CE QUE TU CHERCHES COMME ÇA, LA PERRUQUE ?

HÉ, PRINCESSE ! VOUS M'AVEZ FAIT PEUR.

IL T'EN FAUT PEU...

VOUS N'AVEZ PAS ENTENDU UNE MÉLOPÉE ?

LES SONS ME DÉRANGENT.

CEUX-LÀ ÉTAIENT DOUX ET BEAUX, UN PLAISIR POUR LES OREILLES !

VOUS N'AVEZ PAS VU PASSER LE VÉHICULE ?

QUEL VÉHICULE ?

VENEZ AVEC NOUS, VOUS VERREZ BIEN.

95

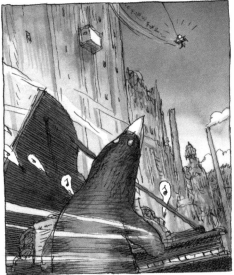

ON VA VOUS ARRANGER ÇA !

LAISSEZ-NOUS FAIRE.

N'AYEZ PAS PEUR COMME ÇA, NOUS N'ALLONS PAS VOUS MANGER !

HGSSGSCLLLGRFF

ET VOILÀ LE TRAVAIL !

QUEL EST VOTRE NOM, CHER MONSIEUR ?

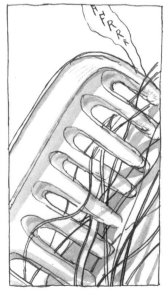

TU TE TROMPES SUR MON COMPTE ; JE N'AI RIEN À VOIR AVEC MON NEVEU...

MAIS SI TU ME TUES, IL TE FERA LA PEAU.

TU SAIS CE QUE C'EST LA FAMILLE...

HA HA HA HA !

C'EST PAS POSSIBLE ! QUELLE NAÏVETÉ.

J'AI BIEN COMPRIS, PICOLLO, C'EST LA LETTRE... TU DOIS INTERCEPTER LA LETTRE, QU'AS-TU FAIT DE LA JEUNE FEMME ?

AH ! TU ES INDÉCROTTABLEMENT CRÉDULE !

ALLEZ, OUVRE-LA POUR MOI, VA !

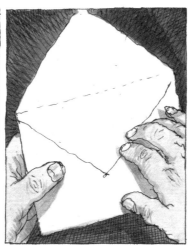

TU ME LAISSERAS LA VIE SAUVE, HEIN, PICOLLO ?...

ALLEZ !

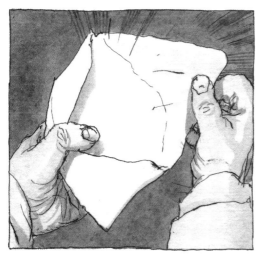

MAIS...

HA HA HA... TU AS COMPRIS ?

AU MOINS, TU MOURRAS MOINS BÊTE !

LAISSE-MOI VIVRE, PICOLLO, JE NE SUIS QU'UN PETIT MARCHAND DE PIANOS...

SI TU VEUX, JE TE FERAI ÉCOUTER DES SYMPHONIES. ÇA CALMERA TES MIGRAINES.

JE M'EN FOUS DE TA MUSIQUE ! FRANCHEMENT, TU M'AS REGARDÉ ?

ASSEZ PERDU DE TEMPS ! FAIS TA PRIÈRE !

TU SAIS, LA MORT N'EST PAS DOULOUREUSE... ET TA VIE, FRANCHEMENT, ELLE EST SI MÉDIOCRE, TU NE PERDRAS PAS GRAND-CHOSE.

NON !...

JE T'EN SUPPLIE, PICOLLO, LAISSE-MOI UNE DERNIÈRE CHANCE !...

TAIS-TOI DONC !

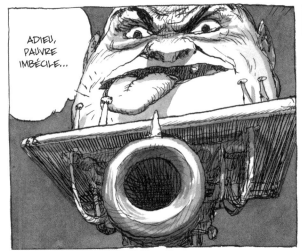

ADIEU, PAUVRE IMBÉCILE...

?!

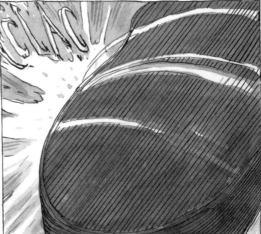

ATTENTION !

?

AAH !

AH LÀ LÀ... TOUT VA BIEN, PRINCESSE ?

AU POINT OÙ J'EN SUIS...

CE N'EST PAS UNE CHUTE QUI VA ME BRISER.

VENEZ LÀ, PRINCESSE, QUE JE VOUS FASSE UN BISOU DE CONSOLATION.

AH NON ! ABSTIENS-TOI, LA PERRUQUE.

ET CELUI-LÀ, QU'EST-CE QU'ON EN FAIT ?!

IL N'A PAS L'AIR POLI LUI NON PLUS.

GLG

SA FAIBLESSE EXTRÊME POURRAIT LUI PERMETTRE DE FAIRE PARTIE DES NÔTRES...

115

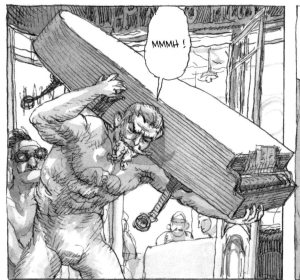

MMMH !

MAGNIFIQUE ! PRENEZ EXEMPLE SUR ARÈS, LES GARS, LA PHILOSOPHIE DE LA RÉPUBLIQUE DU CATCH PASSE PAR LE MUSCLE.

D'ICI UNE HEURE AU MAXIMUM, JE VEUX QUE LA BOUTIQUE SOIT COMPLÈTEMENT VIDÉE. C'EST BIEN COMPRIS ?

ENRICO, JE TE LAISSE RÉCEPTIONNER LA MARCHANDISE... VÉRIFIE BIEN LE MATÉRIEL ET NE TE FAIS PAS AVOIR.

NE T'INQUIÈTE PAS, ENZO...

OH MON DIEU...

ALLEZ ALLEZ!

DU NERF!

JAMAIS JE N'AURAIS PU PENSER QUE...

LA FAMILLE, C'EST SACRÉ, NON ?

MON PROPRE NEVEU. COMMENT PEUT-IL ME TRAHIR ?

COMME VOUS DITES ; VOUS FAITES PREUVE D'UNE IMMENSE FAIBLESSE.

DE QUOI VOUS MÊLEZ-VOUS ?

VOTRE FAIBLESSE SERA NOTRE MOTEUR.

QU'EST-CE QUE VOUS RACONTEZ ?

FAITES-NOUS CONFIANCE...

VOUS NOUS AVEZ RÉVEILLÉS DE NOS SONGES...

MAIS POURQUOI EST-CE QUE VOUS ME SUIVEZ PARTOUT COMME ÇA ?... VOUS VOYEZ BIEN QUE J'AI BESOIN QU'ON ME LAISSE EN PAIX !

CE N'EST PAS L'HEURE POUR LA PAIX, VOUS LE SAVEZ.

ALLEZ-VOUS-EN !

NOUS VÉGÉTIONS DANS LA RAFFINERIE, CHER MONSIEUR...

MONSIEUR... ?

MARIO.

MONSIEUR MARIO, LA RAFFINERIE ÉTAIT NOTRE DERNIER REFUGE, VOUS Y ÊTES PASSÉS AVEC VOTRE MUSIQUE, VOUS AVEZ RECONSTITUÉ NOS SENS.

CELUI QUI EST FAIBLE UTILISE LA FORCE DE SON ADVERSAIRE. ET VOTRE ADVERSAIRE NE MANQUE PAS DE PUISSANCE...

?!

EN L'OCCURRENCE, UNE PUISSANCE DÉVASTATRICE : LA RUPTURE D'ANÉVRISME.

C.KARR

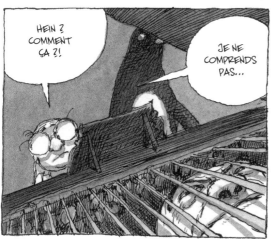

HEIN ? COMMENT ÇA ?!

JE NE COMPRENDS PAS...

LA RUPTURE D'ANÉVRISME DE PICOLLO SERA VOTRE DÉCLARATION DE GUERRE, MONSIEUR MARIO.

EXCUSEZ-MOI...

C'EST ICI POUR LA LIVRAISON DES BANDITS-MANCHOTS ?

AH ! VOUS VOILÀ ! VOUS N'ÊTES PAS EN AVANCE.

PAIEMENT EN CASH. J'EN AI VINGT DANS LE CAMION. JE VOIS QUE VOUS AVEZ DES COSTAUDS, ILS VONT M'AIDER À LES SORTIR.

ALLEZ-Y, JE VOUS PRÉPARE LE PAIEMENT.

INSTALLEZ DÉJÀ CELUI-LÀ AU FOND DE LA BOUTIQUE.

PAS DE PROBLÈME !

C'EST BON...

TU PEUX Y ALLER !

MHHH

SAUF QU'À L'ÉPOQUE JE GAGNAIS !
HA HA HA ! ARÈS, PAYE UN TIERS
DE LA FACTURE À NOTRE AMI
ET OCCUPE-TOI DES
MACHINES.

QUOI ?!
UN TIERS ?
MAIS...

UN TIERS,
C'EST DÉJÀ
BEAUCOUP !

LE RESTE
DANS SIX MOIS...
SI VOUS ÊTES
SAGE.

BIEN...

MMMMM

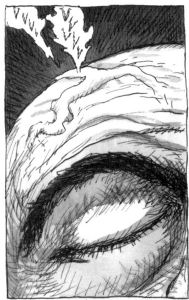

CLAC

CLAC

LE TEMPS QUE LE MENUISIER LA PRÉPARE... BON, JE SUIS CREVÉ...

J'AI PLUS L'ÂGE POUR LES HEURES SUPPLÉMENTAIRES.

IL FAUDRA EFFACER CES VIEILLES LETTRES... ELLES SE DÉCOLLENT DÉJÀ UN PEU.

BIEN SÛR, C'EST PRÉVU... ON METTRA DES NÉONS À LA PLACE.

C'EST BON, LES GARS, VOUS POUVEZ RENTRER VOUS COUCHER.

TU VEUX QUE JE TE RAMÈNE, ARÈS ? SINON ON PEUT ALLER CHEZ HARRIS S'EN BOIRE UN DERNIER ?

LAISSE TOMBER ! JE TIENS MÊME PAS DANS TA VOITURE.

TU SAIS PAS CE QUE TU RATES ! UNE FORD 1967 DE 400 CHEVAUX... SIÈGES CUIR.

JE NE RATE RIEN, JE RETROUVE BÉRÉNICE.

HA HA ! SACRÉ COQUIN... JE TE L'ACCORDE, ELLE EST PRESQUE AUSSI BELLE QU'UNE VOITURE.

FRANCHEMENT, ÉPARGNE-MOI TES REMARQUES STUPIDES !

À PÊCHER DES TÊTARDS, PAR EXEMPLE, ET IL M'A MONTRÉ DES MAGAZINES DE JEUNES FEMMES EN MAILLOT DE BAIN...

VOUS ÊTES TROP SENTIMENTAL, MONSIEUR MARIO.

ET C'EST TOUT À VOTRE HONNEUR, BELLE PREUVE DE FAIBLESSE.

CRUUU

VOUS Y ÊTES ALLÉS UN PEU FORT !

UN PEU FORT ?

MAIS ENFIN, VOUS VOUS RENDEZ COMPTE ? C'EST FORMIDABLE !

MAGNIFIQUE !

POSITIVEMENT RÉVOLUTIONNAIRE !

VOTRE PAUVRE BÉBÉ DE NEVEU TREMBLE DÉJÀ ! IL A COMPRIS LE MESSAGE, CROYEZ-MOI... VOUS ALLEZ RÉCUPÉRER VOS PIANOS.

LA MUSIQUE RYTHMERA À NOUVEAU LA VIE DU QUARTIER.

PAUVRES INCONSCIENTS... JE CONNAIS MON NEVEU ; IL VA DÉBARQUER D'ICI PEU, ET NOUS Y PASSERONS TOUS...

VOUS SORTEZ DE NULLE PART, ET VOUS IMAGINEZ POUVOIR CHANGER LES CHOSES ?

À DÉFAUT D'ÊTRE RÉALISTES, SOYEZ MODESTES !

EN TOUT CAS, QUELS QU'ILS SOIENT, JE VENGERAI ENRICO ! ET CROYEZ-MOI, CE SERA UN CARNAGE !

SOIS RAISONNABLE, ARÈS.

ET RANGE TES ARMES. NOUS LES FERONS CLAQUER AU MOMENT OPPORTUN.

MONSIEUR MARIO !

ALLEZ, QUOI, SORTEZ DE LÀ !

C'EST RIDICULE !...

J'AI LE VENTRE TOUT RETOURNÉ, LAISSEZ-MOI DONC EN PAIX

VOTRE AVENIR N'EST PAS DANS LES TOILETTES !

ALLONS, MONSIEUR MARIO, DU CRAN.

SOYEZ À LA HAUTEUR DE VOS ANCÊTRES.

AIMEZ-VOUS BRAHMS ?

135

FFFF...

VOUS JOUEZ SI BIEN, MONSIEUR LE MANCHOT...

SI VOUS AVIEZ AUSSI LE TALENT DE PARLER, VOUS POURRIEZ NOUS EXPLIQUER VOTRE ART.

JE SUIS PRÊT.

EH BIEN VOILÀ ! IL ÉTAIT TEMPS... VOUS AVEZ UNE VOITURE ?

IL FAUT LES IMPRES-SIONNER.

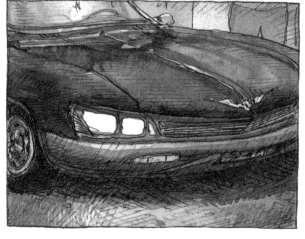

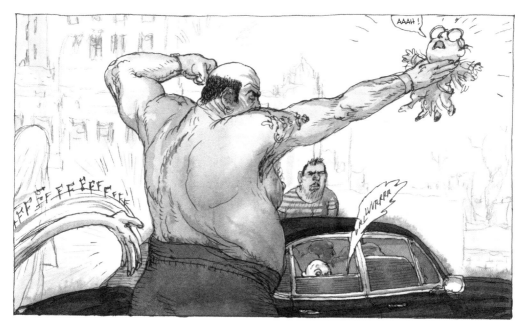

MONSIEUR ENZO ?

JE ME PERMETS DE VOUS DÉRANGER...

HMM ?

C'EST À PROPOS DU BOUT DE PEAU...

J'AI FAIT FAIRE UNE ANALYSE ADN...

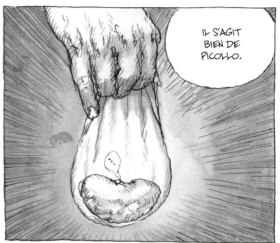

IL S'AGIT BIEN DE PICOLLO.

HEIN !

JE NE
COMPRENDS
PAS.

PAS SA MÈRE
BIOLOGIQUE.

C'EST
UNE HISTOIRE
COMPLIQUÉE.

JE NE VOULAIS PAS
QUE NOS PARENTS
LE SACHENT.

ILS AURAIENT
ÉTÉ SI
TRISTES,
MARIO...

MAINTENANT QU'ILS
NE SONT PLUS LÀ,
JE PEUX BIEN
TE LE DIRE...

TU SAIS, CETTE HISTOIRE DE CARGAISON PERDUE D'ARMES ET D'ALCOOL PROHIBÉ...

LES PARENTS D'ENZO ÉTAIENT RESPONSABLES DE L'OPÉRATION, ILS ÉTAIENT DANS L'AVION.

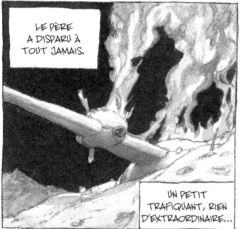

LE PÈRE A DISPARU À TOUT JAMAIS.

UN PETIT TRAFIQUANT, RIEN D'EXTRAORDINAIRE...

QUANT À SA MÈRE...

EXCUSE-MOI, MARIO, C'EST DIFFICILE POUR MOI DE PARLER DE TOUT ÇA... PAUVRE PETIT ENZO.

IL A ÉTÉ RÉCUPÉRÉ EN MÊME TEMPS QUE LA CARGAISON, IL AVAIT SURVÉCU DEUX JOURS DANS LE FROID, UN MIRACLE.

PERSONNE NE DEVAIT RIEN SAVOIR DE CETTE HISTOIRE.

ILS NOUS ONT CONFIÉ ENZO, J'ÉTAIS SI HEUREUSE. JE N'AI SU QUE PLUS TARD D'OÙ IL VENAIT.

IL AVAIT CE REGARD SI PARTICULIER ; UN MÉLANGE D'EFFROI ET DE DÉTERMINATION. IL ÉTAIT SI BEAU...

MAIS IL A CHANGÉ TRÈS VITE ; SON INTELLIGENCE S'EST DÉVELOPPÉE EN MÊME TEMPS QUE SA VIOLENCE. EN QUELQUES MOIS, IL A PRIS LE POUVOIR...

ALLEZ, PARLE !

DIS-MOI CE QUI S'EST PASSÉ, PICOLLO !

COMMENT ET POURQUOI MARIO EST-IL SORTI VIVANT DE NOTRE PIÈGE ?!

ET QUI LE SOUTIENT ? D'OÙ VIENT SA BANDE ?

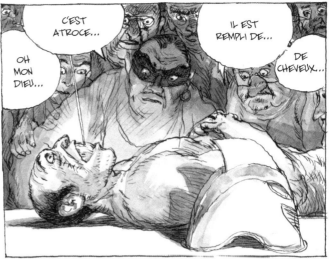

C'EST ATROCE...

OH MON DIEU...

IL EST REMPLI DE...

DE CHEVEUX...

EXACTEMENT !

IL S'EST FAIT EMPAILLER DE L'INTÉRIEUR.

PAIX À SON ÂME.

J'AI ENVOYÉ LE MASQUE EN ÉCLAIREUR, VOICI LE RÉSULTAT.

NOUS AVONS AFFAIRE À UN ENNEMI SÉRIEUX...

ET IL S'AGIT D'UN TRAÎTRE, D'UN RENÉGAT.

L'INFÂME MARIO !

HEIN ?!

?!

CE N'EST PAS POSSIBLE !

CE GRINGA-LET ?

MARIO ?!

IL N'A PAS HÉSITÉ À S'ASSOCIER AVEC DES MONSTRES. MAIS IL N'IMAGINE PAS ENCORE CE QUI L'ATTEND.

LA BOUTIQUE EST LE DERNIER BASTION !

DÈS DEMAIN, NOUS EN SERONS À NOUVEAU LES MAÎTRES !

LE QUARTIER DES JEUX ET DES PLAISIRS SERA ENFIN UNE RÉALITÉ...

LA VIE EST FAITE POUR S'AMUSER, N'EST-CE PAS, ALORS AMUSONS-NOUS !

QUANT À CE TRAÎTRE DE MARIO...

NOUS SOMMES PLUS FORTS QUE SES ALLIÉS, LES FANTÔMES. LES FANTÔMES, PAR ESSENCE, S'ÉVANOUISSENT... NOUS ALLONS LUI ARRACHER LES YEUX !

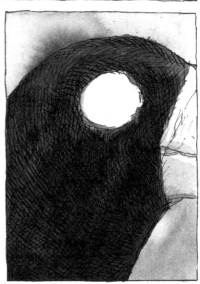

ALLEZ, MON AMI...

ÇA VA ALLER !

PAUVRE BÊTE... IL SE SENTIRAIT PEUT-ÊTRE MIEUX À SON PIANO.

TU CROIS ?

CE SOIR, JE DOIS M'ENTRAÎNER !

TU SAIS COMME MOI QUE JE SUIS EN FINALE DIMANCHE !

ENFIN, BÉRÉNICE !

TU PLAI-SANTES ?!

BIEN SÛR QUE NON !

IL Y A DES CHOSES PLUS IMPORTANTES QUE TA CARRIÈRE, FIGURE-TOI...

C'EST L'HEURE DE LA GRANDE BATAILLE ; ENZO N'ACCEPTERA JAMAIS QU'IL MANQUE UN SEUL MEMBRE DE LA RÉPUBLIQUE DU CATCH.

ARÈS !

TU M'AS TOUJOURS DIT QUE TU ME SOUTIENDRAIS !

C'EST LE COMBAT DE MA VIE ! LES BATAILLES D'ENZO, CE N'EST PAS MON PROBLÈME !

TU N'AS PAS LE CHOIX, PAUVRE SOTTE !

QU'EST-CE QU'ILS FONT ?... JE NE COMPRENDS PAS.

OÙ SONT-ILS ALLÉS ?

JE NE SAIS PAS.

MARIO, SONT-ILS VRAIMENT DES AMIS ?

JE VAIS PARLER À ENZO.

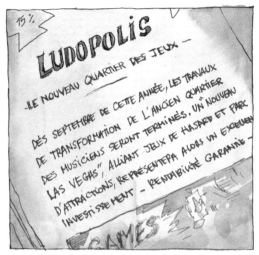

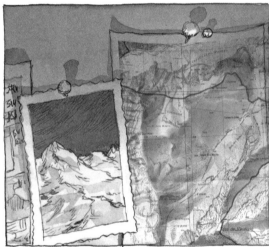

GO!

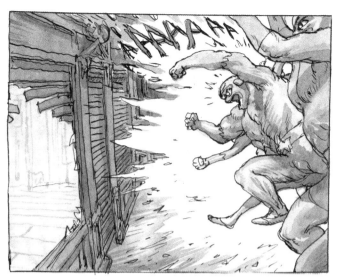

AAAAHAA

AAAAHH !

CRAC

KRAK

CLAC

RKKRAC

HÉ HÉ HÉ
HÉ !

ALORS, MON
"ONCLE" ?

TU FAIS MOINS LE MALIN,
HEIN ? OÙ SONT DONC
TES AMIS LES
FANTÔMES ?

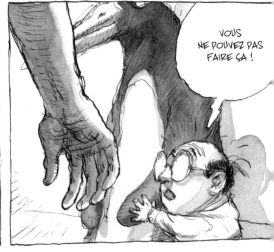

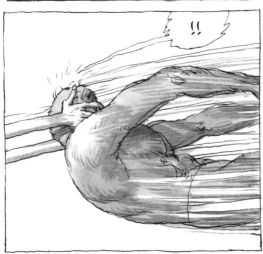

MAAAAAH

OH
BON SANG !

ALLEZ ALLEZ,
NE VOUS LAISSEZ
PAS INTIMIDER !

CE SONT DES
FANTÔMES MINABLES !
À L'ATTAQUE !

VIENS !
PAR ICI,
VITE !

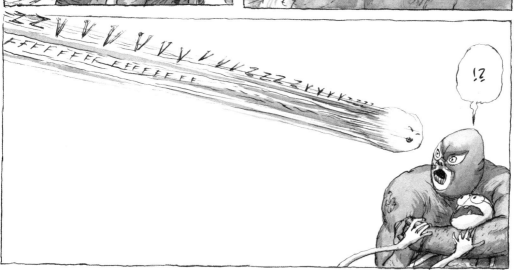

ARÈS... NOUS ALLONS DEVOIR BATTRE EN RETRAITE...

MAIS CE N'EST QUE PARTIE REMISE ; JE CASSERAI LES REINS À CES MAUDITS FANTÔMES !

EN ARRIÈRE, TOUT LE MONDE !

?!

ÉVACUEZ LES LIEUX ! RETRAITE GÉNÉRALE !

!

?!

AAHGGG !

ALLONS, MARIO, VOUS N'ÊTES PAS ENCORE MÛR POUR BIEN CERNER LES INTENTIONS DE VOS ENNEMIS !

MAIS CE N'EST PAS MON ENNEMIE...

C'EST BÉRÉNICE !...

ELLE EST SI JOLIE, VOUS AVEZ VU ?

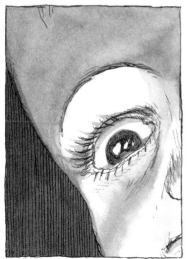

JE SUIS UN PARIA, ET POUR LES PARIAS IL NE RESTE QUE LA DISSIDENCE... J'AI COMPRIS QUI ILS SONT ET JE SUIS SÛR QU'ILS M'ACCUEILLERONT.

TU RISQUES D'ABÎMER TES JOLIES MAINS.

MES MAINS SONT SOLIDES ! JE SENS UNE GRANDE FORCE EN MOI.

JE SUIS PRÊTE. ET CETTE FOIS, JE VAIS GAGNER !

BÉRÉNICE CONTRE LA SORCIÈRE DU MARAIS

LE 15 MAI

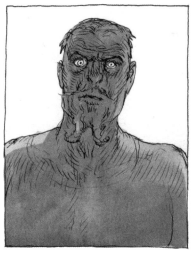

JE T'AIME, BÉRÉNICE, MAIS TU ES TELLEMENT TÊTUE... TU SAIS BIEN QUI ORGANISE LES CHAMPIONNATS ?!

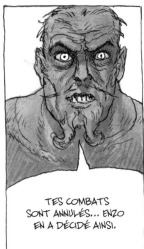

TES COMBATS SONT ANNULÉS... ENZO EN A DÉCIDÉ AINSI.

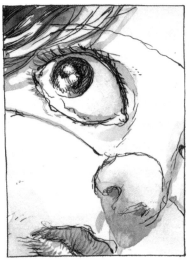

ELLE EST SI JOLIE...

VOUS AVEZ REMARQUÉ LES PETITES ROSES EN PLASTIQUE QU'ELLE PORTE AUX CHEVILLES ?

C'EST TELLEMENT CHARMANT...

EUH...

ALLEZ !

ALLEZ, MONSIEUR LE MANCHOT, VOUS POUVEZ SORTIR MAINTENANT.

TOUT VA BIEN.

LA VOIE EST LIBRE.

N'AYEZ PAS PEUR !

VOS PIANOS SONT LÀ... VOUS POURREZ JOUER À NOUVEAU.

AH, MON AMI.

JE SUIS HEUREUX QUE VOUS AYEZ RETROUVÉ DE L'ENTRAIN !

ET SI BÉRÉNICE ÉTAIT AVEC NOUS, TOUT SERAIT POUR LE MIEUX... MAIS VOILÀ...

ALLONS !

205

MES BRAS PENDENT ET S'ENROULENT DANS LES ROUES. JE SUIS DISQUALIFIÉ AVANT MÊME LE DÉPART...

JE SUIS LA PRINCESSE, EN MOI SE FOCALISENT TOUTES LES MALADIES DU MONDE, ELLES SONT SI PUISSANTES ET MORTELLES QU'ELLES S'AFFRONTENT ET FINALEMENT S'ANNULENT.

MON DIEU... ET VOUS, LA PERRUQUE ?

VOUS ÊTES MALADE AUSSI ?

PAS DU TOUT, JE PÈTE LA FORME...

JE NE SUIS RIEN D'AUTRE QUE LA RÉUNION DES CHEVEUX DE FEMMES MISÉRABLES, DE FEMMES INSULTÉES, ESCLAVES, QUI ONT DÛ VENDRE LEUR CHEVELURE POUR SURVIVRE !

ET LA TÊTE QUI VOLE ET QUI FUME, C'EST QUOI VOTRE PROBLÈME ?

EUH...

JE SUIS UN PEU GÊNÉ... J'AI TOUJOURS ÉTÉ RICHE.

RICHE MAIS FOU.

L'UN N'EXCUSE PAS L'AUTRE, EN TOUT CAS JE SUIS COMPLÈTEMENT SCHIZOPHRÈNE.

HEUREUSEMENT, JE SUIS ARTISTE.

J'AI DÛ ÉVITER L'ASILE, MAIS LA GLOIRE M'A DÉTRUIT.

KOF KOF !

OH ?!

MONSIEUR MARIO, JE SUIS L'HOMME AUX YEUX MOUILLÉS. J'ÉTAIS MAGICIEN, J'AI COUPÉ MA FEMME EN DEUX PAR MÉGARDE ET JE M'EN VEUX À JAMAIS. JE SUIS ÉTERNELLEMENT TRISTE...

CLOC
CLOC CLOC

NOUS SOMMES...

NOUS SOMMES LES MANNEQUINS RÉPUDIÉS.

CLOC CLOC CLOC CLOC CLOC CLOC

NOUS REMPLISSIONS TOUS LES CRITÈRES DE BEAUTÉ DE NOTRE ÉPOQUE, MAIS LE TEMPS A PASSÉ SI VITE SUR NOS VISAGES. PLUS PERSONNE NE VEUT AUJOURD'HUI LES VOIR.

NE VOUS LAISSEZ PAS DIVERTIR...

CLOC CLOC CLOC CLOC

ALORS NOUS DÉFILONS DE DOS ET TÊTE BASSE...

MON- SIEUR MARIO ?

AVEZ-VOUS ÉTÉ SOUVENT PRIS EN DÉFAUT DE VIRILITÉ ?... MOI OUI ! ALORS JE ME SUIS TATOUÉ, ET TATOUÉ ENCORE, POUR AVOIR L'AIR D'UN HOMME, UN VRAI.

!

MAIS LES TATOUAGES ONT PÉNÉTRÉ MA PEAU ET SE SONT SUPERPOSÉS !

CLOC
CLOC

"MODERATO CANTABILE", "LA SYMPHONIE PASTORALE", "LA VALSE AUX ADIEUX"...

VOTRE MANCHOT SERA NOTRE GUIDE.

JOUEZ MAINTENANT !

"LA DANSE BOHÉMIENNE" ! MAGISTRALEMENT INTERPRÉTÉE !

AH ! ATTENTION !

CRRCRR

LE PIANO AVANCE ! VENEZ M'AIDER !

PLUS HAUT, ARÈS !

CHERS MEMBRES DE LA RÉPUBLIQUE DU CATCH ! MES AMIS...

L'AVENIR EST AUX JEUX DE HASARD, À LA CONGÉLATION DE CELLULES, AUX TECHNOLOGIES LUDIQUES ET AU TRANSHUMANISME !

ET CE FUTUR QUI S'OUVRE À NOUS...

C'EST BIEN À **NOUS** DE L'ÉCRIRE !

NOUS NE LAISSERONS PAS MARIO ET SA CLIQUE NOUS IMPOSER LEUR VIEUX MONDE...

LEUR MONDE DE FANTÔMES !!!

ON VA LES MASSACRER !

À MORT MARIO !

BIEN PARLÉ, ENZO, TU PEUX COMPTER SUR NOTRE FORCE !

NOUS SOMMES PRÊTS !

ALLONS-Y, LES GARS, ALLONS-Y TOUT DE SUITE !

UNE SECONDE, LES AMIS. JE COMPRENDS VOTRE IMPATIENCE...

MAIS L'ATTAQUE, CETTE FOIS, SERA TACTIQUE.

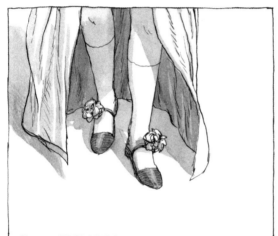

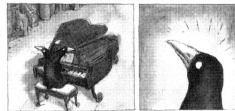

La République du catch a été conçue pour un éditeur japonais, Shueisha publishing, sous un titre légèrement différent : プロレス狂想曲, que l'on pourrait traduire par « La symphonie folle du catch ». La demande était exceptionnelle et l'occasion unique pour un auteur français de pouvoir réaliser, en toute liberté de ton, un « manga » prépublié en épisodes (entre août 2014 et mars 2015) dans la revue *Ultra Jump*, une des plus importantes de l'archipel.

Cela permettait de montrer la force culturelle potentielle de la bande dessinée française, en inversant le rapport bande dessinée-manga, dont l'exportation ne fonctionne que dans un seul sens. Cela à une échelle modeste, sans doute, mais l'esprit même de cet échange marque une réelle tendance d'ouverture du côté japonais.

La problématique de cette expérience résidait dans le langage commun que je devais mettre au point pour toucher le lectorat nippon, tout en gardant la singularité de mon univers et de mon style graphique. La mythologie shinto des fantômes et divinités, les fameux yokai, ainsi que la culture mafieuse spécifiquement japonaise des yakusas, m'ont inspiré le concept d'un antagonisme entre une armée de catcheurs (au service de mafieux) et leur miroir inversé, une armée de fantômes qui revendiquent leurs faiblesses comme une force. La difficulté technique tenait au rythme de réalisation, beaucoup plus rapide au Japon – les dessinateurs travaillent avec plusieurs assistants –, de l'ordre de 25 pages mensuelles. Cette vitesse implique la mise au point d'une technique adaptée, en l'occurrence un trait de plume rapide soutenu par un lavis en noir et blanc.

J'ai travaillé la narration comme elle se pratique au Japon ; dynamique et fluide, plus proche d'un storyboard de film d'animation que d'un récit littéraire.

La version originale du livre, en japonais bien sûr, paraît simultanément avec la version française des éditions Casterman que vous tenez présentement entre vos mains.

Nicolas de Crécy

DU MÊME AUTEUR

aux Éditions Casterman

NEW YORK SUR LOIRE

LÉON LA CAME
LAID, PAUVRE ET MALADE
PRIEZ POUR NOUS
en collaboration avec Sylvain Chomet

LISBONNE – VOYAGE IMAGINAIRE
en collaboration avec Raphaël Meltz

aux Éditions Casterman / Lonely Planet

CITY GUIDE FLORENCE
en collaboration avec Élodie Lepage

aux Éditions 9ᵉ Monde

DE LA CONFITURE DE MYRTILLES

aux Éditions Barbier & Mathon

500 DESSINS (2 volumes)

aux Éditions du Chêne

CARNETS DE KYOTO

aux Éditions Cornélius

PLAISIR DE MYOPE

DES GENS BIZARRES

ESCALES

aux Éditions Dupuis

SALVATORE (4 tomes)

PROSOPOPUS

aux Éditions Futuropolis

PÉRIODE GLACIAIRE

JOURNAL D'UN FANTÔME

L'ORGUE DE BARBARIE
en collaboration avec Raphaël Meltz

LES CARNETS DE GORDON McGUFFIN
en collaboration avec Pierre Senges

aux Éditions Les Humanoïdes Associés

FOLIGATTO
en collaboration avec Alexios Tjoyas

LE BIBENDUM CÉLESTE (3 tomes)

aux Éditions MEL publishing

NICOLAS DE CRÉCY
Monographie

aux Éditions Pastel

LA NUIT DU GRAND MÉCHANT LOUP
en collaboration avec Rascal

aux Éditions Cambourakis

LE ROI DE LA PISTE

aux Éditions du Regard / I.F.M.

ESTHÉTIQUES DU QUOTIDIEN AU JAPON

aux Éditions du Seuil

MONSIEUR FRUIT (2 tomes)

aux Éditions Verticales

CAFÉS MOULUS

L'auteur tient à remercier :

Sachie Fujita, Michihiro Aso, la revue *Ultra Jump*,
Taiyō Matsumoto, Frédéric Toutlemonde, Masato Hara.